En Madrid vive un niño que se llama Marcos.

Tengo un conejo.

Es grande.
Su nombre es Diego.
Es gris.

¡Qué bien!
Me gustan los conejos.

Me gustaría tener
un conejo.

¡Hola Marcos!
¿Tienes una mascota?
No, no tengo ninguna.
¿Y tú, Antonio?
¿Tienes una mascota?

Tengo una serpiente.

Es grande.
Su nombre es Boris .
Es verde.

¡Qué bien!
Me gustan las serpientes.

Me gustaría tener una serpiente.

¡Hola Marcos!
¿Tienes una mascota?
No, no tengo ninguna.
¿Y tú, Ana?
¿Tienes una mascota?

Tengo un gato.

Es pequeño.
Su nombre es Coco.
Es blanco.

¡Qué bien!
Me gustan los gatos.

Me gustaría tener un gato.

¡Hola Marcos!
¿Tienes una mascota?
No, no tengo ninguna.
¿Y tú, Eva?
¿Tienes una mascota?

Tengo un pez.

Es pequeño.
Su nombre es Nemo.
Es naranja.

¡Qué bien!
Me gustan los peces.

Me gustaría tener un pez.

¡Hola Marcos!
¿Tienes una mascota?
No, no tengo ninguna.
¿y tú Carlos?
¿Tienes una mascota?

Tengo un perro.

Es grande.
Su nombre es Eduardo.
Es marrón.

¡Qué bien!
Me gustan los perros.
Me gustaría tener un perro.

¡No tengo una mascota!

Un día Marcos encuentra una moneda.

Pide un deseo.

Marcos vuelve a casa.

¡Tengo un caballo!

Es grande.
Su nombre es Rayo.
Es marrón.

Ahora Marcos tiene una mascota.

I hope you have enjoyed this story! Try to look back at the Spanish words from time to time to help you remember them. Reviews help other readers discover my books so please consider leaving a short review on t site where the book was purchased. Your feedback is important to me. Thank you! And have fun learning Spanish! It's a lovely language to learn! Joanne Leyland

¿Tienes una mascotas? (Do you have a pet?)

Tengo (I have)

un pez
(a fish)

un perro
(a dog)

un gato
(a cat)

una serpiente
(a snake)

un conejo
(a rabbit)

un caballo
(a horse)

gris
(grey)

naranja
(orange)

verde
(green)

marrón
(brown)

blanco
(white)

Me gustan (I like)

In Spanish there are two ways of saying I like:
me gusta and me gustan. If you want to say what
animals you like you need to use me gustan before
the Spanish word for the type of animal you like:

los conejos
(rabbits)

los perros
(dogs)

los gatos
(cats)

las serpientes
(snakes)

los peces
(fish)

los caballos
(horses)

<table>
<tr><th>

Spanish

</th><th>

English

</th></tr>
<tr><td>

En Madrid vive un niño que se llama Marcos.
¡Hola Marcos! ¿Tienes una mascota?
No, no tengo ninguna.
¿Y tú, Rosa? ¿Tienes una mascota?
Tengo un conejo.
Es grande. Su nombre es Diego. Es gris.
¡Qué bien! Me gustan los conejos.
Me gustaría tener un conejo.

¡Hola Marcos! ¿Tienes una mascota?
No, no tengo ninguna.
¿Y tú, Antonio? ¿Tienes una mascota?
Tengo una serpiente.
 Es grande. Su nombre es Boris. Es verde.
¡Qué bien! Me gustan las serpientes.
Me gustaría tener una serpiente.

¡Hola Marcos! ¿Tienes una mascota?
No, no tengo ninguna.
¿Y tú, Ana? ¿Tienes una mascota?
Tengo un gato.
Es pequeño. Su nombre es Coco. Es blanco.
¡Qué bien! Me gustan los gatos.
Me gustaría tener un gato.

¡Hola Marcos! ¿Tienes una mascota?
No, no tengo ninguna.
¿Y tú, Eva? ¿Tienes una mascota?
Tengo un pez.
Es pequeño. Su nombre es Nemo. Es naranja.
¡Qué bien! Me gustan los peces.
Me gustaría tener un pez.

¡Hola Marcos! ¿Tienes una mascota?
No, no tengo ninguna.
¿y tú Carlos? ¿Tienes una mascota?
Tengo un perro.
Es grande. Su nombre es Eduardo. Es marrón.
¡Qué bien! Me gustan los perros.
Me gustaría tener un perro.
¡No tengo una mascota!

Un día Marcos encuentra una moneda.
Pide un deseo.
Me gustaría tener una mascota. ¡Por favor!
Marcos vuelve a casa.
¿Qué es esto?
¡Tengo un caballo!
Es grande. Su nombre es Rayo. Es marrón.
Ahora Marcos tiene una mascota.
Me gustan MUCHO los caballos.
Mi animal preferido es el caballo.

</td><td>

In Madrid lives a boy called Mark.
Hello Mark! Do you have a pet?
No, I don't have one.
And you Rose? Do you have a pet?
I have a rabbit.
It's big. It's name is Diego. It's grey.
How nice! I like rabbits.
I would like to have a rabbit.

Hello Mark! Do you have a pet?
No, I don't have one.
And you Anthony? Do you have a pet?
I have a snake.
It's big. It's name is Boris. It's green.
How nice! I like snakes.
I would like to have a snake.

Hello Mark! Do you have a pet?
No, I don't have one.
And you Anne? Do you have a pet?
I have a cat.
It's small. It's name is Coco. It's white.
How nice! I like cats.
I would like to have a cat.

Hello Mark! Do you have a pet?
No, I don't have one.
And you Eve? Do you have a pet?
I have a fish.
It's small. It's name is Nemo. It's orange.
How nice! I like fish.
I would like to have a fish.

Hello Mark! Do you have a pet?
No, I don't have a pet.
And you Charles? Do you have a pet?
I have a dog.
It's big. It's name is Edward. It's brown.
How nice! I like dogs.
I would like to have a dog.
I don't have a pet!

One day Mark finds a coin.
He makes a wish.
I would like to have a pet. Please!
Mark goes home.
What's this?
I have a horse!
It's big. It's name is Ray. It's brown.
Now Mark has a pet.
I like horses A LOT.
My favourite pet is a horse.

</td></tr>
</table>

Let's sing a song!

The following words could either be sung to a made up tune, or you could try saying the words as a rap.

For inspiration of a melody to use you could hum first a nursery rhyme. How many different versions can you create using the lyrics?

Tengo un conejo, tengo un conejo
Es grande, es grande
Su nombre es Diego, su nombre es Diego
Es gris, es gris

Tengo una serpiente, Tengo una serpiente
Es grande, es grande
Su nombre es Boris, su nombre es Boris
Es verde, es verde

Tengo un gato, tengo un gato
Es pequeño, es pequeño
Su nombre es Coco, Su nombre es Coco
Es blanco, es blanco

Tengo un pez, tengo un pez
Es pequeño, es pequeño
Su nombre es Nemo, su nombre es Nemo
Es naranja, es naranja

Tengo un perro, Tengo un perro
Es grande,es grande
Su nombre es Eduardo, Su nombre es Eduardo
Es marrón, es marrón

Tengo un caballo, tengo un caballo
Es grande, es grande
Su nombre es Rayo, Su nombre es Rayo
Es marrón, es marrón

Follow on activity: Can you remember the correct order the animals appear in the story? You can check your answers by either looking back in the story, or by reading the song lyrics.

For children learning Spanish there are also the following books by Joanne Leyland:

Un Extraterrestre En La Tierra

An alien visiting Earth is curious why there are so many things.
Topics: General conversation, clothes, weather, activities.

El Mono Que Cambia De Color

A monkey changes colour when he eats. Will he ever return to his usual colour?
Topics: General conversation, days, colours, food, opinions.

40 Spanish Word Searches
Cool Kids Speak Spanish

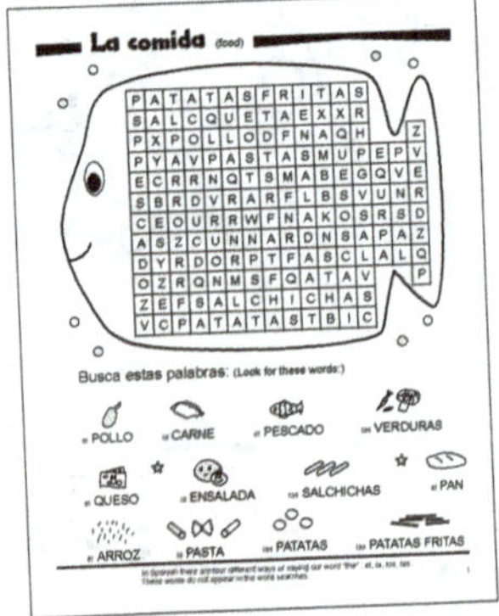

The word searches appear in fun shapes and pictures accompany the Spanish words so that each word search can be a meaningful learning activity. 40 Topics.

Spanish Word Games

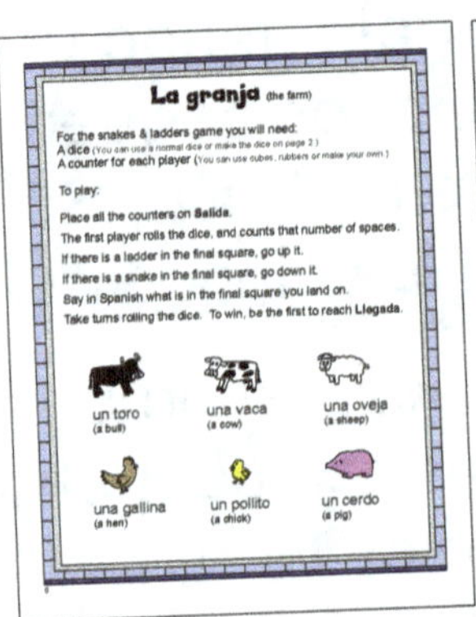

Have fun learning Spanish with this lovely collection of games. The 15 topics include fruit, the farm, ice creams, pets, hobbies, the restaurant, tapas, weather, vegetables…

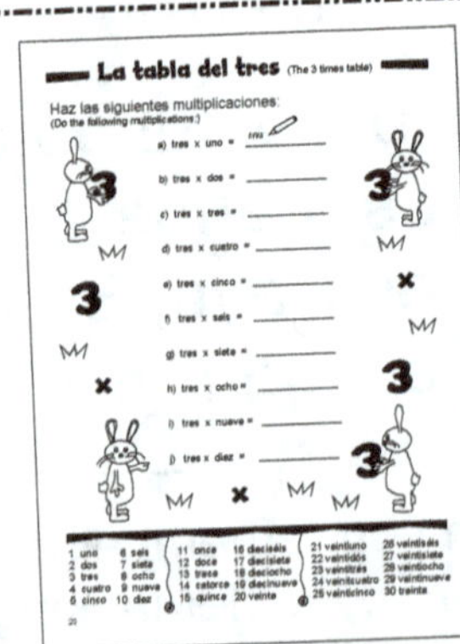

Cool Kids Do Maths In Spanish

A fantastic way for children to learn 1 to 100 in Spanish.

Great cross curricular resource. May be photocopied.

Topics include:
- Numbers 1 - 10
- Numbers 11 - 20
- Numbers 21 - 30
- Numbers 31 - 40
- Numbers 41 - 60
- Numbers 60 - 80
- Numbers 80 -100
- Fractions

For more information about learning Spanish and the great books by Joanne Leyland go to
https://funspanishforkids.com

www.ingramcontent.com/pod-product-compliance
Lightning Source LLC
Chambersburg PA
CBHW080508030726
47592CB00011B/3289